La cuisine du Far West

DANS LA MÊME COLLECTION

La cuisine des gourmandes, Librio n° 321
La cuisine des herbes et des fleurs, Librio n° 496
Les soupes, Librio n° 497
La cuisine des maris, Librio n° 319
La cuisine du lendemain, Librio n° 493
La cuisine des enfants, Librio n° 323
La cuisine bio, Librio n° 494
La cuisine des fêtards, Librio n° 495
La cuisine des amants, Librio n° 322
La cuisine des gens pressés, Librio n° 320
La cuisine des pirates, Librio n° 551
La cuisine des Indiens, Librio n° 553
La cuisine des explorateurs, Librio n° 554
La cuisine du désert, Librio n° 555

Gilles & Laurence Laurendon

La cuisine du Far West

50 recettes faciles au bon goût d'aventure

Librio

Inédit

La forêt était leur garde-manger, les grandes prairies de l'Ouest leur terre promise. Ces émigrants pas comme les autres ont conquis l'Amérique à force de raquettes, de coup d'avirons, de longs raids à travers les montagnes ; ils ont aussi conquis notre imaginaire en nous léguant des histoires à frémir debout et des recettes héritées des Indiens. Lorsque les premiers émigrants s'établirent sur les côtes Est du Nouveau Monde, ils ne savaient rien encore des immenses étendues qui les attendaient. Rien sur les « Pays d'en haut » où vivaient les orignals, les caribous, les lynx et les castors, rien sur les grandes plaines du Far West dont il leur faudra plus de deux siècles pour vaincre le sortilège. Trappeurs, coureurs de bois, canotiers, trafiquants de fourrures, chercheurs d'or, cowboys… À pied ou sur leurs canots d'écorce, à dos de mulets ou brimbalés dans leurs chariots bâchés, ces robustes gaillards ont remonté les cours d'eau, franchi fleuves et montagnes, débusqué le moindre lac, relié les morceaux épars de ce vaste pays. Ils étaient faits d'un bois rare et précieux, celui dont on taille les héros populaires. Davy Crockett, Daniel Boone, Kit Carson, Buffalo Bill… Leurs légendes ont bercé l'enfance de millions d'Américains. Certains commirent pourtant les pires exactions, participèrent aux massacres des Indiens…

Nous les avons suivis à la trace, pour retrouver, le temps d'un livre, des recettes oubliées qui constituent un inépuisable trésor gourmand.

Trappeurs et coureurs de bois

« Je suis parti dans les bois pour vivre à un autre rythme et aussi pour réaliser un souhait : ne faire face qu'aux choses essentielles de la vie et voir si je ne pouvais pas y apprendre tout ce que j'avais à apprendre. Et pour ne pas me retrouver piégé au moment de ma mort à découvrir que je n'avais pas encore réellement vécu[1] ! »

Les premiers trappeurs et coureurs de bois ont été des Français. Ils ont ouvert les premières voies d'exploration vers l'Ouest dès le début du XVIe siècle, dans les contrées sauvages de l'actuel Canada.

Qui étaient ces hommes ? Des repris de justice, du gibier de potence ? Des hommes sans feu ni lieu, prêts à tout pour s'enrichir ? Ou des idéalistes épris de liberté, ivres de grands espaces ? Que recherchaient-ils dans ces contrées immenses et périlleuses ? Qu'est-ce qui les poussaient à risquer embuscades ou luttes avec des bêtes sauvages ? Le goût de l'aventure ? L'appât du gain ? Le cliché de « la racaille du vieux continent », venue se refaire ou s'enrichir dans cet improbable eldorado, est tenace mais pas toujours juste. C'est bien souvent la guigne, la mauvaise fortune, le hasard d'une rencontre, les persécutions religieuses, la magie d'une histoire entendue dans un port ou plus simplement l'envie de changer d'air qui les avait contraints de quitter l'Europe. Condamnations, bannissements, soif de l'or certes mais aussi rupture de ban volontaire, goût immodéré pour l'inconnu. Les causes qui les poussaient à braver l'impossible étaient nombreuses, confuses et contradictoires. À y regarder de plus près, ils appartenaient en vérité à toutes les couches populaires : Fermiers, marins, débardeurs ou encore boutiquiers.

Une chose est sûre : tous furent fascinés par ces terres inviolées qu'ils découvrirent à leur débarquement. Et sitôt mis pied à terre, voilà qu'ils s'éloignent des comptoirs avec leurs mesquins petits commerces, leurs écoles, leurs églises naissantes... tout ce qui ressemble à s'y méprendre à ce qu'ils viennent de quitter. Et ils découvrent brutalement, ébahis, éblouis, un autre monde, âpre et sublime : le Nouveau Monde. Les voilà happés par ces étendues immenses. Ils s'aventurent sans escorte dans des contrées connues seulement des Indiens.

Certains sont d'abord de simples messagers qui parcourent des milles et des milles à travers les montagnes ennei-

---

1. Henry David Thoreau, *Walden*, Norton & Cie, 1966.

gées pour apporter dans les forts le courrier tant espéré. Le travail est dur, la besogne périlleuse, mais relativement bien payée par les Compagnies. Il leur faut affronter les ours, les loups, les lynx, la famine, les rigueurs du climat, se perdre dans ces régions inexplorées dont il n'existe nulle carte, avec pour tout paquetage, une arme à feu, quelques munitions et de maigres provisions de bouche. Ils se familiarisent avec les tribus indiennes, qui leur font bon accueil. À leurs côtés, ils vont apprendre à piéger le castor, à trapper les animaux à fourrure, à suivre pendant des jours les traces de l'orignal ou du caribou dans la neige... À respirer la virginité du monde. Nombre d'entre eux vivront avec des femmes indiennes, souvent achetées pour le prix d'un cruchon de whisky ou d'un cheval, qui leur apprendront comment utiliser les plantes sauvages, les baies et les champignons en cuisine et en médecine.

Ils auront des enfants, des « Bois brûlés » qui deviendront comme eux trappeurs et coureurs de bois.

Troc, chasse et découverte

Comme toujours, tout commence par des histoires de troc : couvertures de laine, briquets, ciseaux, haches, chaudrons, couteaux contre des peaux superbes ; et plus tard, des tissus, des produits alimentaires : sucre, farine, pois secs, biscuits ou viande de porc séchée, de menus objets mais si précieux tels aiguilles, grelots ou miroirs et aussi, plus tragiquement, de « l'eau de feu », du rhum et de l'eau-de-vie, pourtant interdits.

Les coureurs de bois et les trappeurs restent de longs mois dans les forêts. Ils traquent les bêtes à fourrure, vivent enfumés dans leur hutte, sortent pour relever leurs pièges, attendent que les Indiens viennent les retrouver pour échanger leurs fourrures. Si les Indiens tardent à venir, ils vont à leur rencontre en canot ou en traîneau. Ils se déplacent jusque dans leurs campements. C'est la « dérouine ». Ils y restent des jours durant, participent aux cérémonies, discutent les prix. « Les Indiens arrivent, jettent à terre le produit de leur chasse, autour duquel on s'assied. Le calumet passe de main en main et de bouche en bouche. Chaque Indien sépare ses peaux en lots, pour chacun desquels il demande un article différent : fusil, munitions, chaudières, haches, couverture, ornements pour sa femme. Un nouveau calumet clôt les opérations[1]. »

Le sort en est depuis longtemps jeté, finies la distribution du courrier et les longues missions serviles, les voilà devenus pour de bon coureurs de bois, trappeurs et fiers de l'être. Ils succombent à la tentation du Grand Dehors. Et ils s'aventurent de plus en plus loin sur ce continent grand comme un rêve.

Ils font de la trappe un vrai métier dont ils se transmettent les secrets et les pratiques de père en fils. Distinguons ici les coureurs de bois « engagés », qui partaient à la traite des fourrures le temps d'un « congé » obtenu auprès d'une compagnie marchande et qui revenaient ensuite vivre au milieu de leurs semblables, et les coureurs de bois « enragés », les plus authentiques et les plus fascinants, ceux qui ont nourri les histoires, qui ne restaient en ville que le temps de décharger et de vendre leurs fourrures, de dilapider en ripailles le fruit de leurs longs mois de travail, et repartaient bientôt pour étancher leur soif d'aventure. L'été, la chaleur, les moustiques, les longues courses pour approcher le grand gibier devenu difficile à surprendre ; l'hiver, le froid, le grand froid, la neige et le vent ; le vent sur la neige, « la poudrerie ». Et chaque jour plus de difficultés pour vivre et s'approvisionner. Les premiers trappeurs souffrirent de famine et de scorbut.

Mais toujours ces espaces, à perte de vue, ces forêts peuplées d'animaux magnifiques comme au premier matin du monde.

Ces coureurs de bois et les trappeurs ont la réputation d'être hardis, gais et débrouillards. Mais ils sont d'une indocilité farouche. Lors de la guerre entre les États-Unis et l'Angleterre, ils seront enrôlés, souvent de force, du côté des Anglais. Les militaires comptaient sur leur connaissance du terrain et leur formidable résistance physique pour obtenir des avantages militaires décisifs. Peine perdue. « Ils se querellaient perpétuellement, se traitant mutuellement de mangeurs de lard et se chicanant à propos de leurs rations. Ils étaient extrêmement insubordonnés et incapables de respecter le moindrement la loi militaire. Ils arrivaient en général à la parade la pipe à la bouche et avec leurs rations de porc empalées sur leurs baïonnettes[2]. »

---

1. *Les coureurs de bois*, Jeanne Pomerleau, Éditions J.C. Dupont, 1999.
2. Joseph Mc Gillivray in *Les coureurs de bois*, Jeanne Pomerleau, *op.cit.*

Non, ces hommes n'étaient pas faits pour vivre assignés à résidence ou enrégimentés, trappeurs ils sont, coureurs de bois, si fiers de l'être.

Suivez-les au cœur des forêts ! Avec leurs chaussures de mocassins et leurs accoutrements invraisemblables, on ne sait plus très bien s'ils sont encore des blancs ou des Indiens. Il y a long feu qu'ils ne se posent plus la question. Ils ont la peau tannée comme un vieux cuir. « À leur ceinture et à leur bandoulière brimbalait un harnachement multiple : mousquet, pistolet, corne à poudre, tige à charger, plomb à giboyer et à balle, batte-feu, pipe et sacs à tabac, couteau, hache, tranchet à glace, empile pour pêcher, fils à rets, pièges, panoplie culinaire[1]. » Ils portent désormais des mocassins en peau d'orignal, de caribou ou d'ours, les plus étanches étaient celles en peau de phoque. Pour se couvrir, ils revêtent une parka de peaux de bêtes. Ils portent les cheveux longs et les font luire à la graisse de castor. Ils arborent fièrement leurs mitasses, des guêtres en peau qui empêchent la neige d'entrer dans le mocassin. Partout où ils vont, ils se présentent bardés de médailles, de colliers et de colifichets ce qui impressionne les Indiens[2]. Ils puent à deux lieues à la ronde. C'est le métier.

Ils chassent l'ours, le castor, la loutre, la martre, le renard blanc, jaune, noir ou argenté, le vison, le raton-laveur, le blaireau, le glouton, la belette, l'hermine, le lièvre, la moufette, l'orignal, le chevreuil, le coyote, le rat musqué, le loup, le lynx, le chat sauvage, le bison pour les fourrures. Les peaux de bison servent à fabriquer des ballots de peau. Signaux de fumée, camouflages, leurres et pièges n'ont plus de secrets pour eux. Ils ont appris cette science de la forêt auprès des Indiens et pour rien au monde ils ne changeraient leur mode de vie. Les relations de voyages, les récits d'aventures, les documents attestent du prix à payer pour survivre dans ces contrées hostiles. Mais témoignent aussi de la fabuleuse soif de vivre et de découvertes de ceux qu'on appelle les « voyageurs ».

C'est principalement pendant l'hiver que la chasse a lieu, quand la fourrure des animaux est la plus fournie. Regardez-

1. Régine Hubert-Robert in *L'épopée de la fourrure*, Montréal, Éditions de l'Arbre, cité par Jeanne Pomerleau.
2. Il était aussi plus aisé pour eux, lorsqu'ils allaient dans les tribus et laissaient leurs canots et leurs provisions à l'arrière, de porter autour du cou la pacotille qui servait aux échanges.

les ramper à contrevent dans la neige pour mieux surprendre un orignal ou un caribou. Ils repèrent au premier coup d'œil le meilleur endroit pour capturer les loutres et les visons, et les appâtent avec des truites. Et puis, il y a la chasse au castor. Elle commence vers la Toussaint et se poursuit jusqu'en avril. Quelle traque ! L'hiver, il leur faut creuser la glace et piéger les animaux dans l'eau. La tournée des pièges les occupe toute la journée car il faut éviter que les prises ne soient dévorées par d'autres animaux.

Ensuite vient le temps du dépeçage. Devant leur hutte, ils nettoient et grattent les peaux, ôtent la graisse qui reste encore accrochée par lambeaux, puis ils étendent les peaux sur des planchettes. Le séchage près d'un feu ou en plein soleil risquant de les abîmer, ils préfèrent les sécher à l'air libre.

Pendant environ 200 ans, les peaux de castor serviront ainsi de monnaie d'échange. L'argent se faisant rare dans les montagnes, le castor sera la seule monnaie fiable. Le « castor parfait » est un castor de belle peau et adulte. C'est la monnaie étalon, on l'appelle pelu. Si une peau vaut la moitié, on l'estime à un demi-pelu, etc. Le calcul se fait ainsi chaque printemps lorsque le trappeur présente ses peaux au comptoir de la Compagnie. Les peaux sont ensuite exportées vers la France et l'Angleterre. Elles feront le bonheur des dames de la bonne société.

Les trappeurs et les coureurs de bois n'en ont cure. Ils ont depuis longtemps repris leur affût extasié.

La cuisine des bois

Les trappeurs se nourrissent principalement de leur chasse : ours, bison, daim, cerf, élan, antilope, faisan, gélinotte, castor, perdrix, rat d'eau ou dindon sauvage. « La viande, c'est de la viande », dit un dicton de trappeurs. Du bison au serpent à sonnettes, ils mangent tout ce qui court, vole, nage, rampe... Dans leurs courses, ils emportent le strict minimum, ne pouvant s'encombrer de victuailles dans leurs longs déplacements. Du thé ou du café, de la farine, du sucre et du sel, et parfois du lard salé, du jambon et des pois. Ce « luxe » permet de ne pas mourir de faim en cas de chasse infructueuse. Le beurre, s'ils en ont, est salé, comme le lard, pour mieux le conserver. Mais beaucoup se contentent de la graisse d'ours. Ce lard d'ours est fondu à l'automne. Les trappeurs le conservent tout l'hiver. Ils s'en servent pour préparer leurs célèbres bassanes, des galettes cuites à la poêle qui remplacent le pain. Elles accompagnent les jours de chance un morceau de caribou, d'orignal rôti ou une belle truite. « La viande était accrochée à des branches affûtées de cornouiller qui étaient fixées dans le sol pour soutenir les pièces de viande devant le feu. La viande était rôtie ou grillée en conservant tous ses jus. C'était un tel délice que le plus expérimenté des gourmets y aurait trouvé une grande satisfaction[1]... » Parfois, ils abandonnent sur place des carcasses de bison ou de cerf à demi dépecées, quitte à se retrouver sans rien à se mettre sous la dent quelques jours plus tard. Ils peuvent aussi creuser un trou le long d'une rivière pour y enfouir leurs réserves. Si la cache est bien faite, soigneusement couverte de peaux et dissimulée par des branchages nul ne l'éventera, pas même les bêtes sauvages.

Dans leur besace également, des biscuits secs et durs, qu'ils chauffent sur une branche à deux fourches et mangent avidement avec une tranche lard salé grillé. Un délice, si l'on a un thé ou un café pour se réchauffer. L'hiver, les trappeurs et les coureurs de bois remplissent la chaudière à cul noir d'une boule de neige pour préparer leur thé.

Les fruits ? Des prunes, des pommes, des noix, des faines de hêtre, cueillies à l'automne, et qu'ils ont mises à sécher. Elles serviront de dessert.

À la belle saison, c'est le paradis sur la terre : des baies à profusion, des champignons, des fruits à portée de main, du sirop qui coule divinement des érables. Du riz sauvage et des poissons de rivière que les trappeurs boucanent à la façon des Indiens. Plus au Nord, des baleines, des phoques, des marsouins dont les chasseurs gardent l'huile et la graisse pour s'éclairer et cuisiner. L'inestimable pemmican est fabriqué pendant l'été, période de chasse au bison ; la viande est découpée en fines lanières puis mise à sécher au soleil sur des perches de bois ou séchée à la fumée d'un feu de bois. Cette viande séchée est ensuite pilée et mélangée à de la graisse de porc fondue et agrémentée de petites cerises séchées, sans autre assaisonnement. En hiver, trappeurs, coureurs de bois et canotiers vont le mâchouiller pendant

1. *A tour on the prairies*, Washington Irving, 1852.

leurs longs raids de chasse. Ils n'auront souvent pas d'autres sources de protéines.

Puis arrive la saison des bleuets qui annonce la fin de l'été et l'automne, enfin, la grande saison de chasse. Il faut emmagasiner des provisions de viande pour l'hiver. Dans le ciel, volent les grands oiseaux migrateurs. Ils vont pêcher les anguilles le long du Saint-Laurent avec des nasses. Les canotiers les aident parfois à transporter leur marchandise. Ils voyagent ensemble jusqu'à la tombée du jour, ne font halte sur une rive qu'à la nuit tombante, installent leur campement et allument un feu. Chaque passager dépose une portion de pois secs, de maïs ou de riz sauvage dans la marmite commune à laquelle on ajoute de la viande fraîchement tuée ou séchée ; parfois des œufs frais trouvés dans les alentours du campement, œufs de perdrix, de canard... Sinon une simple bouillie de maïs et rien d'autre, servie sur une pierre ou une planche ou encore dans un chapeau ou un mouchoir !

Tout le monde dort sous le canot renversé qui fait office de tente. Si le temps est encore au beau, c'est à la belle étoile, un couchage préférable au canot qui empeste la gomme d'épinette et la graisse animale. Un homme tient la garde et veille sur le chargement et le feu. Il réveille les autres dès les premières lueurs de l'aube pour reprendre la route.

Le mois de janvier lance le départ de la chasse à l'orignal. Les glaces empêchent maintenant la circulation sur les rivières et les fleuves ; les chutes de neige sont abondantes, beaucoup plus qu'en Europe. Pour circuler, une seule solution : les raquettes, empruntées aux Indiens, construites en bois souple avec des tresses de cuir. Les mocassins de peau, eux aussi empruntés aux Indiens, permettent des mouvements souples. Et pour tirer le matériel, la traîne. La traque peut continuer.

Les pionniers

Grâce à leur formidable connaissance du territoire, les trappeurs et les coureurs de bois vont permettre à d'autres voyageurs, les pionniers et plus tard les cow-boys, d'explorer à leur tour cet immense continent. Dès le début du XIXe siècle, de nombreux guides sont publiés à l'intention des nouveaux émigrants pour les aider à rejoindre les grandes plaines herbeuses de l'Ouest lointain. Mais ces manuels sont truffés d'erreurs ! Alors les pionniers font appel aux trappeurs et aux coureurs de bois qui ont ouvert les premières pistes et qui connaissent les territoires des Indiens comme le fond de leur poche.

À pied, à cheval, brimbalés sur leurs chariots bâchés, le grand voyage commence. Les chevaux étant très chers, ce sont souvent des mules et des bœufs qui tirent les embarcations de fortune.

Jusqu'à l'ouverture de la liaison ferroviaire transcontinentale en 1869, les pionniers voyagent en convoi, dans des chariots de marchandises d'un inconfort épouvantable ! Surtout lorsqu'il faut traverser des rivières torrentueuses, des déserts infinis, des montagnes peuplés d'animaux sauvages et d'Indiens, affronter les vents de sable, les déserts brûlants, la sécheresse et les tempêtes de neige, le blizzard et le froid dans les montagnes. Nombreux furent ceux qui moururent en chemin et ne virent jamais la terre promise : l'Oregon, la Californie !

La ville d'Indépendance, dans le Missouri, est le point de départ des pistes, là où l'on peut s'achalander, trouver un chariot et une paire de bœufs pour 400 dollars.

On emporte, comme toujours, le strict minimum. Des armes, de la poudre, des outils, des semences, des vêtements et bien sûr des provisions et quelques ustensiles de cuisine : marmite, bouilloire, poêle à frire, casserole, moulin à café, cafetière, allumettes, couverts, farine, bacon, café, levure, farine de maïs, biscuit de mer, haricots secs, bœuf séché, fruits secs (abricots, pommes, poires), mélasse, vinaigre, œufs, sel, sucre, poivre, riz, thé…

Certains s'obstinent à emporter avec eux leurs meubles. On les retrouve abandonnés au long des pistes, petits cailloux dérisoires jetés par des Petit Poucet effarés et désemparés.

La piste du nord, la piste de l'Oregon, ouverte par des trappeurs qui en découvrirent les passages en chassant le castor et l'ours, nécessite six mois pour rejoindre la côte ouest. La piste du sud, la vieille piste de Santa Fé, ouverte en 1821 pour faciliter les échanges commerciaux entre les USA et le Mexique, est moins longue mais tout aussi périlleuse.

Pour manger, on se débrouille comme on peut et on pare au plus pressé. Si on n'a plus de thé, on en confectionne avec des feuilles de sauge. Ce sont les femmes qui s'occupent des repas. La cuisine, le ménage et le linge, c'est leur affaire ! Ce sont elles qui le soir, au campement, quand les chariots sont placés en cercle, cherchent les bouses de bison qui serviront de combustible pour la cuisson du repas. Mark Twain raconte combien les buissons de sauge lui furent précieux lors de sa traversée vers l'Ouest. « On creuse un trou d'un pied de large sur deux de longueur et deux de profondeur, puis on casse la sauge et l'on l'y brûle jusqu'à ce que le trou soit rempli de braises à ras bord. C'est là-dessus qu'on fait la cuisine sans fumée et par conséquent sans jurons. Un tel feu dure toute la nuit.[1] » Et puis on cuisine les produits trouvés en route : du bison dont on consomme une partie de la viande fraîche, le reste est découpé en lanières et séchés au soleil ou au-dessus d'une flamme à la façon indienne. Les jours fastes, on agrémente le repas d'un lapin, d'un coq de bruyère ou d'un faisan. Sinon, chien de prairie et serpent à sonnettes pour tout le monde !

Le plus fascinant, c'est que ces pionniers vont peu à peu mettre au point de nouvelles recettes. Forts de leur culture gastronomique d'origine, ils vont adapter leurs techniques de cuisson aux produits découverts auprès des Indiens, cueillis ou chassés en chemin. Allemands, Danois, Irlandais, Français, Anglais... ils seront près de quatre millions à émigrer vers les USA entre 1815 et 1860. Ils vont inventer une cuisine formidable : la cuisine américaine !

Les Anglais importent leurs traditions de salage. Le bacon est mis dans des tonneaux de son pour mieux le conserver. Les œufs sont placés dans des tonneaux de farine de maïs. Salés deux mois puis fumés durant cinq jours et roulés dans du poivre noir, les fameux jambons de Smithfield deviennent légendaires. Leur temps de séchage varie de six mois à deux ans. Ils portent un nom qui fait rêver tous les émigrants : le jambon de Virginie !

En chemin, les pionniers font deux repas par jour : un solide petit-déjeuner avec bouillie de maïs ou d'avoine. Le soir, les femmes préparent du porc, la viande préférée des colons, et des pommes à la marmite. Ce plat est si habituel que l'on a pris l'habitude de nommer le menu du souper « pork and apples », littéralement « du porc et des pommes ». La cuisson se fait dans des poêles sur le feu ou des marmites en fer couvertes, placées dans les braises. On boit force café pendant les repas ou encore du rhum et du cognac allongé d'eau. Les vaches, qui font partie du convoi, fournissent le

1. Dans *Roughing it* !

lait frais pour les enfants. Tout le monde mange vite. Car on cherche à franchir les distances le plus rapidement possible. L'obsession étant toujours la même : arriver enfin dans ces terres bénies où, dit-on, la fortune les attend.

Plus tard, le cheval de fer (le train) et les diligences assureront des voyages réguliers. Mark Twain parle avec humour de ces premières diligences et des repas qu'on servait dans les relais. Il décrit une auberge où l'on peut changer les chevaux et se restaurer : sans vitres aux fenêtres, le sol en terre battue, pas de fourneau mais une cheminée. « Dans un coin, se dressait un sac de farine tout ouvert et avec, à ses pieds, un couple de casseroles en fer battu, noires et vénérables, une théière en fer également battu, un petit sac de sel et un quartier de lard. » Dans la salle à manger, des tabourets et des bancs de sapin, la table est une grande planche graisseuse posée sur des tréteaux. « Chaque homme avait devant lui un plat d'étain bossué, un couteau et une fourchette, une chopine d'étain, sauf le cocher qui, lui, avait droit à une soucoupe en terre ayant connu de séjours meilleurs. » Le pain est de la semaine précédente, le lard trop dur pour pouvoir le mastiquer, le thé imbuvable car « il y avait dedans trop de lavette à vaisselle, de sable et de vieille couenne de lard pour tromper un voyageur intelligent ». Il ne touche ni aux aliments ni à la boisson.

La cuisine des cow-boys

Ce sont les Espagnols qui ont apporté la vache et le cheval en Amérique. Le vaquero espagnol a donc été le premier cowboy américain. Les troupeaux des ranchos fournissaient des peaux pour la fabrication du cuir et du suif pour l'éclairage domestique. Avant la ruée vers l'or, l'Ouest était très peu peuplé ; la viande restait en grande partie inutilisée.

En 20 ans, de 1865 à 1885, plus de cinq millions de têtes de bétail partirent du Texas pour se rendre dans le Nord, accompagnées par les cow-boys.

La vie était pénible, mais ce n'était guère une surprise pour ces jeunes fermiers élevés à la dure et habitués aux privations et aux travaux de force. Une couverture, une cape, et les voilà qui dorment sur le tapis de selle. À la ceinture, un revolver, sur le pommeau de la selle un lasso. Peu à peu, l'allure vestimentaire évolue : chapeau Stetson, chemises à carreaux ou à rayures, pantalons de cuir, de solides imperméables et de chauds manteaux garnis de castor pour l'hiver. Un mythe commence.

Les cow-boys disposent de six ou huit chevaux chacun. Ils convoient des troupeaux de plus de deux mille bêtes et travaillent toujours en équipe, dont un cuisinier. La plus mauvaise place est à la queue du troupeau; les deux « serre-files » qui doivent faire avancer les traînards avalent une tonne de poussière! Le patron de l'équipe part en éclaireur dans les zones inconnues pour repérer les points d'eau.

Les journées de route d'un cow-boy se terminent tard, vers neuf heures le soir. Chacun doit assurer au moins deux heures de garde chaque nuit. Et ils repartent très tôt, vers trois ou quatre heures du matin. Le manque de sommeil est permanent.

Le cuisinier, lui, est le deuxième personnage important de l'équipe, juste après le chef d'équipe. Les premiers cow-boys partaient avec très peu de provisions, chargées sur un cheval, et vivaient ainsi « sur le bœuf ». Leur unique ustensile était une marmite en fonte dans laquelle ils cuisaient le pain, les soupes, les ragoûts.

Puis, vers 1880, ce fut l'invention de la cuisine roulante, le *chuck waggon* qu'on fixait à l'arrière de chariots tirés par quatre chevaux. Cette invention va permettre d'améliorer sensiblement l'ordinaire. Les cow-boys peuvent ainsi emporter de plus grandes quantités de nourriture. Maïs, farine de maïs, molasse, haricots secs, lard et jambon. Chaque cow-boy a accès « libre » à la viande, qui constitue la base de son alimentation. Avec quelques haricots secs, des herbes séchées comme l'origan, cela permet de concocter des plats simples et goûteux. Le plus apprécié s'appelle *chili*. La recette a semble-t-il été inventée au Texas par des cow-boys et se préparait avec du pemmican[1] mis à cuire dans une marmite d'eau.

Il existe des dizaines de recettes de chili : plus ou moins épicé, avec du mouton, du maïs, des tomates, des haricots, mijoté dans de l'eau, du bouillon, de la bière, du vin et il en existe même des versions végétariennes. Aujourd'hui c'est un plat national en Amérique. Des concours de chili sont aussi organisés chaque année pour les amateurs!

1. Mélange indien de bœuf séché, de gras et de baies sauvages.

La cuisine des chercheurs d'or

En 1849, paraît un petit article de huit lignes qui révèle que des pépites d'or ont été découvertes en Californie. « Y'en a partout, y'a qu'à se baisser. » Aussitôt, c'est la folie ! Les forty-niners se ruent vers cet Eldorado. La réalité s'avère beaucoup moins agréable que prévu. Le trajet pour rejoindre les zones aurifères est difficile. Arrivés sur place, les mineurs vivent dans des tentes précaires, des cabanes en terre ou en bois. Des toiles de bâche, amenée par un bavarois du nom de Lévi Strauss, servent à confectionner des pantalons capables de résister aux duretés que leur impose la vie de mineur.

En 1852, on dénombre plus de cent mille chercheurs d'or ! Alors que la Californie, mexicaine jusqu'en 1849, était restée jusque-là très peu peuplée, des villes poussent comme des champignons autour des sites aurifères.

Le matériel du chercheur d'or est des plus rudimentaires : une poêle à frire, une marmite, pour cuire la nourriture (porc et haricots secs le plus souvent), une pelle et une battée comme outils, plus quelques provisions de base. Les chercheurs d'or vivent mal et se nourrissent de même.

Ici, les prix flambent, la spéculation va bon train, les denrées de base coûtent chaque jour plus cher, notamment la farine et le sucre. Quand la farine vient à manquer, il devient impossible de faire du pain. Il est pourtant l'aliment de base, en manquer est particulièrement cruel pour les nouveaux venus. Alors galettes et crêpes le remplacent. Le pain cuit au four est un luxe qui ne se rencontre guère !

Le pain ordinaire est à peine plus qu'un mélange de farine et d'eau, passé dans la graisse chaude de lard. Certains y ajoutent un petit plus en enroulant la pâte autour de bâtonnets de bois et la font rôtir devant le feu. Tous les produits manufacturés sont vendus à des prix exorbitants et les mineurs se ruinent sur place pour acheter leurs produits quotidiens.

À partir de 1859, c'est la ruée vers le Nevada, au nord et au sud en Arizona.

En 1898, le territoire du Yukon en Alaska devient le nouveau paradis des chercheurs d'or. C'est le Klondike cher à Jack London. Côté cuisine, les choses ne s'arrangent guère.

Porc et semoule de maïs, haricots secs, galettes et gâteaux de maïs. Pour le souper : une bouillie de maïs allongée de lait. Faute de lait, on ajoute de l'eau sucrée, de la mélasse, de l'huile d'ours. Un cuisinier garde les baraquements et prépare les repas : « Quand il n'est pas en train de faire la cuisine, il fait fondre de la glace et, entre-temps, court dehors, va manœuvrer le treuil pour les camarades qui sont au fond du puits. Les soins à donner aux chiens entrent également dans ses attributions. »

« Bien sûr, les hommes seront toujours des hommes, et c'est particulièrement vrai pour la catégorie de ces hommes qui s'en vont errer jusqu'aux limites glacées du monde connu. L'éclat de l'or est dans leurs yeux, ils sont conduits là par une ambition exaltante et ils ressentent un immense dédain pour tout ce qui se rattache au département culinaire, à part la bouffe pure et simple : "Pourvu que ça se mange" disent-ils en rentrant de leur randonnée, hâves et affamés, "pourvu que ça se mange et que ce soit bouillant." Ils ne manifestent pas le moindre intérêt pour la genèse de cette nourriture ; ils préfèrent commencer aux révélations. Oui, cuisiner pour de tels hommes devrait être une tâche agréable, mais ce n'est pas franchement le cas car chacun a son avis à donner sur la manière de préparer le pain au levain. « Ce n'est jamais deux fois la même chose. Si la pâte pouvait seulement être mise de côté à une température égale, cela serait bien. Si l'on n'a pas un camarade qui vient s'en mêler, bien des tourments peuvent être évités. Mais c'est impossible parce que Tom active le poêle jusqu'à ce que la cabane atteigne la température d'un bain turc. Dick oublie d'entretenir le feu et l'on se croit soudain dans un réfrigérateur et puis voilà Harry qui fait son entrée et qui pousse le seau contenant le levain jusqu'à ce qu'il touche le poêle, tout cela pour se faire une place pour mettre à sécher ses moufles. »

« La fierté du cuisinier du Klondike à propos de son pain dépasse les limites de l'entendement. [...] Immédiatement après le pain, c'est par ses beignets que le cuisinier du Klondike s'efforce de se distinguer. [...] Le pain gèle facilement, il contient moins de graisses et de sucre, et par conséquent moins de calories que les beignets. Ceux-ci ne se solidifient qu'à une température extrêmement basse, ils sont très faciles à emporter dans les poches d'une canadienne et à manger chemin faisant. La seule différence, c'est qu'ils sont cuits dans la graisse de porc [...]. »

« Le froid, le silence, l'obscurité passent en quelque sorte pour être les calamités principales qui affligent les hommes du Klondike. Mais cela est faux. Il y a une calamité qui éclipse les autres : le manque de sucre. Tous les prospecteurs qui partent pour le Nord manifestent l'intention virile de se passer de sucre. Une fois arrivés à destination, ils déplorent leur imprévoyance. Un homme peut endurer avec une humeur égale les épreuves et des choses atroces, mais privez-le de son sucre et il lancera ses lamentations jusqu'aux étoiles[1]. »

1. Jack London *Housekeeping in the Klondike*. In « Souvenirs et aventures au pays de l'or », textes réunis et présentés par Francis Lacassin, 1975, UGE, traduction de Jacques Parsons.

Soupes

Soupe de poisson

Pour 4 personnes
Temps de préparation : 5 minutes
Temps de cuisson : 30 minutes

Ingrédients

- 800 g de poisson découpé en gros cubes
- 1 oignon haché
- 40 cl de lait
- 10 cl de vin blanc
- 1 feuille de laurier
- 1 bouquet de persil
- sel et poivre du moulin

Recette

Lavez le bouquet de persil et hachez-en la moitié. Rincez le poisson, égouttez-le et déposez-le dans une grande casserole. Couvrez d'eau froide, versez le vinaigre, la feuille de laurier, trois ou quatre grains de poivre et salez.

Portez au frémissement et laissez cuire une dizaine de minutes. Puis ôtez les morceaux de poisson de la casserole. Laissez réduire de moitié l'eau de cuisson.

Versez le lait et mélangez bien. Remettez les morceaux de poisson dans la cocotte, ajoutez le demi-bouquet de persil haché. Salez, poivrez et laissez mijoter encore 5 minutes.

Servez la soupe avec des pommes de terre bouillies.

Soupe de fromage

Pour 4 personnes
Temps de préparation : 5 minutes
Temps de cuisson : 25 minutes

Ingrédients

- 1 l d'eau
- 200 g de fromage râpé type gruyère
- 2 oignons hachés
- 1 carotte en rondelles
- 1 feuille de laurier
- 2 tablettes de bouillon de poule ou de légumes
- poivre du moulin

Recette

Versez les oignons hachés, la carotte en rondelles, la feuille de laurier et les tablettes de bouillon dans une grande casserole avec un litre d'eau.

Mélangez bien, couvrez et portez au frémissement. Laissez mijoter une vingtaine de minutes. Puis ôtez la feuille de laurier et versez le fromage. Poivrez et laissez cuire à petit feu encore 5 minutes.

Servez chaud.

Soupe à l'oignon

Pour 4 personnes
Temps de préparation : 5 minutes
Temps de cuisson : 25 minutes

Ingrédients

- 500 g d'oignon haché
- 200 g de pain
- 2 tablettes de bouillon de poule
- 1 feuille de laurier
- huile
- sel et poivre du moulin

Recette

Faites chauffer une cuillerée d'huile dans une cocotte et versez les oignons hachés. Laissez-les devenir transparents puis versez l'eau. Ajoutez les tablettes de bouillon, mélangez bien, couvrez et laissez cuire environ 20 minutes. Découpez le pain en tranches. Déposez les tranches de pain dans des bols et versez la soupe d'oignon par-dessus.

Servez aussitôt.

Soupe aux haricots noirs

Pour 4 personnes
Temps de préparation : 5 minutes
Temps de cuisson : 2 heures

Ingrédients

- 500 g de haricots noirs déjà cuits
- 3 gousses d'ail écrasées
- 1 os de jambon (ou 125 g de lard fumé)
- 1 oignon haché
- 1 bouquet de feuilles de coriandre
- sel et poivre du moulin

Recette

La veille, déposez les haricots dans un récipient, couvrez-les d'eau et laissez-les se réhydrater pendant une nuit.

Le lendemain, versez les haricots dans une grande casserole, couvrez-les d'eau fraîche et portez au frémissement. Écumez puis ajoutez l'os de jambon, l'oignon et les gousses d'ail.

Laissez cuire une demi-heure à petit feu.

Lavez le bouquet de coriandre, essuyez-le puis hachez-le.

Déposez les deux tiers de la coriandre hachée dans la soupe et laissez cuire environ une heure jusqu'à ce que les haricots deviennent tendres. Salez et laissez cuire encore 15 minutes.

La soupe est prête lorsque les haricots sont parfaitement cuits.

Ajoutez les feuilles de coriandre hachée, poivrez et servez aussitôt.

Bouillon de poule

Pour 4 à 6 personnes
Temps de préparation : 20 minutes
Temps de cuisson : 2 heures 30

Ingrédients

- 1 poule
- 2 carottes
- 1 poireau
- 1 céleri
- 1 oignon
- 1 petit bouquet de persil
- 1 branche de thym
- 8 grains de poivre noir
- sel

Recette

Lavez et épluchez les carottes, le poireau, le céleri et l'oignon. Puis détaillez-les en gros dés.

Déposez la poule dans une grande marmite, ajoutez les légumes, le bouquet de persil, la branche de thym et les grains de poivre.

Couvrez d'eau froide, salez et portez à ébullition.

Baissez aussitôt le feu et laissez ensuite frémir à couvert pendant deux heures environ.

Vérifiez la cuisson de la poule en piquant la chair avec la pointe d'un couteau.

Ôtez ensuite la poule de la marmite. Filtrez le bouillon puis ôtez la graisse avec une cuillère.

Servez le bouillon très chaud, saupoudré de persil haché. Et n'oubliez pas la poule !

Ragoût aux trois haricots

Pour 4 personnes
Temps de préparation: 5 minutes
Temps de cuisson: 2 heures
Se prépare à l'avance

Ingrédients

- 200 g de haricots rouges
- 200 g de haricots noirs
- 200 g de haricots blancs
- 2 oignons hachés
- 2 gousses d'ail hachées
- 2 cuillerées à soupe de concentré de tomate
- 1 cuillerée à soupe d'origan séché
- 1 feuille de laurier
- 1 brindille de thym
- 1 cuillerée à café de vinaigre
- huile
- sel et poivre du moulin

Recette

La veille, déposez les haricots dans un bol rempli d'eau et couvrez.

Le lendemain, égouttez les haricots et mettez-les à cuire dans une grande casserole d'eau avec une feuille de laurier et une brindille de thym pendant environ 1 heure 30. Puis faites chauffer une cuillerée à soupe d'huile dans une poêle et mettez l'ail et l'oignon hachés à dorer.

Ajoutez l'ail et l'oignon dans la casserole ainsi que l'origan, le vinaigre et le concentré de tomate.

Couvrez et laissez cuire doucement pendant environ une demi-heure.

Bouillie de maïs

Pour 4 personnes
Temps de préparation : 5 minutes
Temps de cuisson : 10 minutes

Ingrédients

- 220 g de farine de maïs
- 30 cl d'eau
- 2 cuillerées à café d'extrait de vanille
- 1 pincée de sel

Recette

Versez 20 cl d'eau dans une casserole et faites bouillir.

Délayez dans un bol 10 cl d'eau avec la farine de maïs. Puis versez le mélange dans la casserole. Ajoutez la pincée de sel et la vanille.

Laissez cuire pendant 5 minutes tout en remuant.

Bouillie de maïs au sirop d'érable

Pour 4 personnes
Temps de préparation : 5 minutes
Temps de cuisson : 8 minutes

Ingrédients

- 30 cl d'eau
- 200 g de farine de maïs
- 20 cl de sirop d'érable

Recette

Délayez la farine de maïs dans un bol avec 10 cl d'eau.

Versez 20 cl d'eau dans une casserole à fond épais et portez-la à ébullition. Versez alors la farine de maïs délayée en remuant bien.

Laissez cuire à feu doux pendant 8 minutes environ, jusqu'à ce que le mélange devienne épais. (Vérifiez le temps de cuisson qui diffère selon le type de farine de maïs). Ôtez la casserole du feu et versez le sirop d'érable.

Mélangez et servez tiède.

Cush-cush

Temps de préparation : 5 minutes
Temps de cuisson : 20 minutes

Ingrédients

- 350 g de farine de maïs
- 1 cuillerée à soupe de farine de blé
- 1 cuillerée à soupe de sucre en poudre
- 1 cuillerée à café de levure chimique
- 4 cuillerées à soupe de saindoux
- 1 cuillerée à café de sel

Recette

Versez la farine de maïs, la farine de blé, le sucre en poudre, la levure et le sel dans un saladier et mélangez. Puis versez peu à peu 20 cl d'eau tiède tout en mélangeant.

Versez le saindoux dans une cocotte et faites chauffer. Versez la pâte dans la cocotte et laissez dorer environ 8 minutes. Mélangez et laissez cuire encore 10 minutes.

Servez le cush-cush chaud avec du lait ou encore avec un mélange de lait et de crème. Vous pouvez aussi augmenter la quantité de sucre.

Racines, tubercules, légumes et plantes sauvages

Dents de lion

Salade de dents de lion

Pour 4 personnes
Temps de préparation: 10 minutes
Temps de cuisson: 5 minutes

Ingrédients

- 200 g de jeunes pousses de pissenlit
- 1 tranche de lard fumé découpée en lardons
- 2 cuillerées à soupe de ciboulette hachée
- 1 cuillerée à soupe de vinaigre de cidre
- 2 cuillerées à soupe d'huile de tournesol
- Sel et poivre du moulin

Recette

Faites revenir les dés de lard dans une poêle jusqu'à ce qu'ils soient dorés. Puis égouttez-les.

Lavez les pousses de pissenlit puis égouttez-les dans un linge. Disposez le pissenlit dans un grand saladier, saupoudrez de ciboulette hachée.

Versez dans un bol le vinaigre et une pincée de sel. Mélangez puis versez peu à peu l'huile.

Arrosez la salade de la vinaigrette, ajoutez les lardons et mélangez le tout.

Salez légèrement, poivrez et servez aussitôt.

Oignon

Oignons frits

Pour 4 personnes
Temps de préparation : 5 minutes
Temps de cuisson : 5 minutes

Ingrédients

- 2 gros oignons
- 20 cl de lait
- 2 jaunes d'œuf
- huile
- sel et poivre du moulin

Recette

Versez le lait et les jaunes d'œuf. Salez, poivrez et fouettez rapidement le tout.

Pelez les oignons, coupez-les en tranches et détachez les anneaux.

Versez deux cuillerées d'huile dans une cocotte. Passez rapidement les anneaux d'oignon dans les œufs battus et déposez-les dans la cocotte. Faites-les dorer en les retournant. Puis égouttez-les rapidement sur un papier absorbant et servez-les aussitôt.

Maïs

Épis de maïs grillés

Pour 4 personnes
Temps de préparation: 5 minutes
Temps de cuisson: 30 minutes

Ingrédients

- 4 maïs en épis
- 40 g de beurre mou
- 2 cuillerées à soupe de persil haché
- sel et poivre du moulin

Recette

Préchauffez le four à 210 °C (Th. 7).

Rincez éventuellement les épis de maïs. Faites chauffer une grande casserole d'eau salée et déposez les épis de maïs. Laissez cuire à petits bouillons pendant environ 10 minutes. Puis égouttez-les et déposez-les sur une plaque de four. Mettez au four une vingtaine de minutes. Les grains seront alors tendres.

Mélangez le beurre et le persil haché dans un petit bol.

Servez les épis de maïs tièdes avec le beurre. Chacun badigeonnera son épi d'une fine couche de beurre persillé.

Galettes de maïs

Pour 4 à 6 personnes
Temps de préparation : 5 minutes
Temps de cuisson : 12 minutes

Ingrédients

- 400 g de farine de maïs
- 25 cl de lait entier
- 1 œuf
- 1 oignon haché
- 1 cuillerée à soupe de farine de blé
- 1 cuillerée à café de levure chimique
- 1 cuillerée à café de sel fin
- Huile ou saindoux

Recette

Mélangez dans un grand bol la farine de maïs, la levure, la farine de blé et l'oignon haché. Cassez l'œuf dans un bol et battez-le à la fourchette. Versez le lait dans le bol et fouettez rapidement. Puis versez ce mélange œuf-lait dans le grand bol.

Faites chauffer une cuillerée à soupe de matière grasse dans une poêle. Dès que la graisse commence à grésiller, déposez la pâte en plusieurs petits tas (aidez-vous d'une cuillerée à soupe). Étalez pour former de petites galettes. Laissez dorer les galettes puis retournez-les et faites-les dorer de l'autre côté.

Égouttez les galettes sur un papier absorbant et servez-les chaudes.

Boulettes au maïs

Pour 4 personnes
Temps de préparation : 10 minutes
Temps de cuisson : 20 minutes

Ingrédients

- 125 g de farine de maïs
- 3 cuillerées à soupe de farine de blé
- 100 g de grains de maïs
- 1 œuf
- 1 cuillerée à café de levure chimique
- 1/2 cuillerée à café de sel fin
- poivre du moulin

Recette

Délayez la farine de maïs dans 10 cl d'eau. Salez et versez dans une casserole. Portez au frémissement tout en remuant avec une cuillère. Le mélange va peu à peu épaissir. Laissez cuire 6-7 minutes puis ôtez la casserole du feu. Ajoutez l'œuf tout en fouettant rapidement.

Versez alors la farine de blé et la levure et mélangez encore. Poivrez et ajoutez les grains de maïs. Remettez la casserole sur le feu et laissez cuire à feu doux pendant environ 10 minutes. Laissez refroidir, puis formez des boulettes de taille identique. Faites chauffer deux cuillerées à soupe d'huile dans une poêle et déposez les boulettes. Laissez-les dorer.

Servez les boulettes avec une sauce tomate épicée.

Pomme de terre

Boulettes de pommes de terre

Pour 4 personnes
Temps de préparation : 15 minutes
Temps de cuisson : 15 minutes

Ingrédients

- 2 pommes de terre
- 2 pommes de terre cuites à l'eau
- 2 cuillerées à soupe de farine de blé
- 2 œufs
- 2 cuillerées à soupe de persil haché
- beurre
- sel et poivre du moulin

Recette

Épluchez les pommes de terre et râpez-les.

Écrasez à la fourchette la chair des pommes de terre cuites et ajoutez les pommes de terre râpées, deux œufs, le persil haché, la farine. Salez et poivrez et ajoutez éventuellement un peu d'eau pour former une pâte compacte. Formez de petites boulettes en vous aidant de deux cuillères à soupe.

Faites chauffer une grande casserole d'eau et, dès l'ébullition, déposez délicatement les boulettes de pommes de terre. Couvrez la casserole et laissez cuire à petits bouillons pendant environ 15 minutes.

Égouttez les boulettes et servez aussitôt, arrosées d'un peu de beurre fondu.

Pommes de terre sous la cendre

Pour 4 personnes
Temps de préparation : 5 minutes
Temps de cuisson : 50 minutes

Ingrédients

- 8 pommes de terre de même grosseur
- sel et poivre du moulin

Recette

Lavez les pommes de terre et essuyez-les. Installez-les dans les cendres chaudes de l'âtre de la cheminée ou d'un feu en plein air. Laissez-les cuire doucement pendant environ 50 minutes.

Piquez-les avec la pointe d'un couteau pour vérifier la cuisson.

Pour les servir, incisez la peau sur le dessus, détachez un chapeau, salez et poivrez.

Pommes de terre sautées aux oignons

Pour 4 personnes
Temps de préparation: 15 minutes
Temps de cuisson: 40 minutes

Ingrédients

- 700 g de pommes de terre
- 2 gros oignons
- 2 pincées de piment en poudre
- 20 g de beurre
- huile
- sel et poivre du moulin

Recette

Lavez les pommes de terre. Remplissez une grande casserole d'eau froide et déposez les pommes de terre. Portez à ébullition et laissez cuire à petits bouillons pendant environ 30 minutes. Puis ôtez-les de la casserole et laissez-les refroidir. Pelez-les et découpez-les en gros dés.

Épluchez les oignons et découpez-les en rondelles fines.

Versez le beurre et une cuillerée à soupe d'huile dans une poêle et faites chauffer. Puis versez les rondelles d'oignon et faites-les blondir quelques minutes en les retournant plusieurs fois pour éviter qu'ils ne noircissent. Puis ôtez les oignons de la poêle et gardez-les au chaud. Versez les dés de pommes de terre dans la poêle et faites-les dorer.

Mélangez alors les pommes de terre sautées et les oignons, saupoudrez d'un peu de piment en poudre, poivrez et servez aussitôt.

Galettes de pommes de terre

Pour 4 personnes
Temps de préparation : 15 minutes
Temps de cuisson : 25 minutes

Ingrédients

- 700 g de pommes de terre
- 2 jaunes d'œuf
- 2 cuillerées à soupe de farine de blé
- 2 cuillerées à soupe d'herbes aromatiques hachées
- 150 g de chapelure
- huile
- sel et poivre du moulin

Recette

Lavez les pommes de terre et déposez-les dans une casserole remplie d'eau froide. Portez à ébullition et laissez cuire à petits bouillons pendant une vingtaine de minutes. Puis ôtez-les de la casserole, pelez-les et écrasez-les à la fourchette. Ajoutez les jaunes d'œuf, la farine et les herbes aromatiques et mélangez le tout. Salez et poivrez

Formez de petites galettes puis roulez-les dans la chapelure.

Faites chauffer deux cuillerées d'huile dans une poêle et déposez les galettes. Laissez-les dorer des deux côtés et servez très chaud.

Bacon et pommes de terre

Pour 4 personnes
Temps de préparation : 5 minutes
Temps de cuisson : 20 minutes

Ingrédients

- 4 tranches de bacon
- 1 oignon haché
- 2 grosses pommes de terre
- sel et poivre du moulin

Recette

Épluchez et lavez les pommes de terre. Coupez-les en petits dés.

Faites chauffer une poêle et mettez à dorer les tranches de bacon. Puis ôtez le bacon de la poêle et gardez-le au chaud. Versez l'oignon haché et les pommes de terre en dés dans la graisse chaude. Laissez cuire 20 minutes environ tout en remuant régulièrement pour éviter qu'elles n'attachent.

Salez légèrement et poivrez. Servez les pommes de terre sautées avec les tranches de bacon croustillant.

Champignons

Champignons grillés

Pour 4 à 6 personnes
Temps de préparation: 15 minutes
Temps de cuisson: 8 minutes

Ingrédients

- 500 g de champignons sauvages
- 2 cuillerées à soupe de persil haché
- 1 pincée de thym
- 1 oignon haché
- huile
- sel et poivre du moulin

Recette

Nettoyez les champignons, coupez les pieds et découpez les plus gros en rondelles.

Faites chauffer une cuillerée à soupe d'huile dans une poêle et versez l'oignon haché. Laissez-le devenir translucide puis versez les champignons et le persil haché. Ajoutez la pincée de thym, salez et poivrez et laissez cuire 5-6 minutes.

Servez aussitôt.

Tomates

Poêlée de tomates vertes

Pour 4 personnes
Temps de préparation : 15 minutes
Temps de cuisson : 8 minutes

Ingrédients

- 500 g de tomates vertes
- 20 cl de lait
- 2 cuillerées à soupe de farine
- 1 cuillerée à soupe de sucre cassonade en poudre
- huile
- sel et poivre du moulin

Recette

Lavez les tomates, essuyez-les puis coupez-les en tranches.

Versez la farine et le sucre dans une assiette creuse et mélangez. Passez rapidement une à une les tranches de tomate dans le lait puis dans le mélange farine et sucre.

Faites chauffer une cuillerée à soupe d'huile dans une poêle et déposez les tranches de tomate. Laissez-les dorer pendant quelques minutes et servez aussitôt les tomates avec leur jus de cuisson.

Riz sauvage

Riz sauvage

Pour 4 personnes
Temps de préparation : 5 minutes
Temps de cuisson : 30 minutes

Ingrédients

- 200 g de riz sauvage
- 2 cuillerées à soupe de fines herbes hachées
- 1 cuillerée à café de sel fin
- 20 g de beurre

Recette

Faites chauffer 35 cl d'eau tiède dans une casserole et versez le riz sauvage. Laissez cuire à feu doux pendant environ 20 minutes. Égouttez.

Puis faites chauffer le beurre dans une poêle et versez le riz sauvage. Laissez-le cuire à feu doux pendant environ 5 minutes et servez-le saupoudré d'herbes hachées.

Œufs

Œufs et bacon

Pour 4 personnes
Temps de préparation : 5 minutes
Temps de cuisson : 10 minutes

Ingrédients

- 4 tranches de bacon
- 4 œufs
- vinaigre
- sel et poivre du moulin

Recette

Faites chauffer la poêle et déposez les tranches de bacon. Laissez-les dorer des deux côtés, puis cassez les œufs sur le bacon. Dès que les œufs sont cuits comme vous les aimez, salez légèrement, poivrez, arrosez d'un léger trait de vinaigre et servez aussitôt.

Œufs frits aux oignons

Pour 4 personnes
Temps de préparation: 5 minutes
Temps de cuisson: 10 minutes

Ingrédients

- 4 œufs
- 2 oignons hachés
- vinaigre
- huile
- sel et poivre du moulin

Recette

Faites chauffer une cuillerée à soupe d'huile dans une poêle et versez les oignons hachés. Laissez-les devenir translucides en remuant régulièrement pour éviter qu'ils n'attachent.

Puis cassez les œufs dans la poêle. Dès que les œufs sont cuits (comme vous les aimez), salez légèrement, poivrez, arrosez d'un léger trait de vinaigre et servez aussitôt.

Purée de patates douces

Temps de préparation : 5 minutes
Temps de cuisson : 35 minutes

Ingrédients

- 800 g de patates douces
- 2 cuillerées à soupe de sirop d'érable
- 20 g de beurre
- 25 cl de lait
- sel et poivre

Recette

Lavez les patates douces et déposez-les dans une grande casserole remplie d'eau froide. Salez.

Laissez cuire environ 35 minutes. Vérifiez la cuisson avec une fourchette. Puis égouttez-les et épluchez-les. Écrasez la chair à la fourchette. Versez le sirop d'érable et le lait dans une casserole et faites doucement chauffer quelques instants.

Incorporez le liquide à la purée de patates douces et mélangez. Ajoutez le beurre et poivrez.

Viandes

Porc

Côtes de porc en cocotte

Pour 4 personnes
Temps de préparation : 5 minutes
Temps de cuisson : 25 minutes

Ingrédients

- 4 côtes de porc dans l'échine
- 1 oignon haché
- 1 brindille de thym
- 1 feuille de laurier
- 25 cl de cidre
- huile
- sel et poivre du moulin

Recette

Faites chauffer une cuillerée à soupe d'huile et versez l'oignon haché. Laissez-le dorer puis ajoutez les côtes de porc. Faites-les cuire 5 à 6 minutes puis versez le cidre, la brindille de thym et la feuille de laurier. Salez et poivrez.

Couvrez et laissez cuire une quinzaine de minutes. Servez chaud.

Côtes de porc au maïs

Pour 4 personnes
Temps de préparation: 5 minutes
Temps de cuisson: 20 minutes

Ingrédients

- 4 côtes de porc dans l'échine
- 250 g de maïs en grains
- 1 cuillerée à café de paprika en poudre
- 4 cuillerées à soupe de crème
- huile
- sel et poivre du moulin

Recette

Faites chauffer une cuillerée à soupe d'huile dans une cocotte. Déposez les côtes de porc, salez et poivrez et laissez-les dorer quelques minutes.

Puis versez le maïs en grains, couvrez de la crème fraîche et saupoudrez de paprika. Couvrez et laissez mijoter une dizaine de minutes.

Boulettes de porc

Pour 4 personnes
Temps de préparation : 15 minutes
Temps de cuisson : 45 minutes

Ingrédients

- 700 g de porc haché
- 2 œufs
- 2 cuillerées à soupe de farine de blé
- 120 g de chapelure
- 1 oignon haché
- 1 clou de girofle moulu
- 2 pincées de cannelle en poudre
- 1 pincée de moutarde en poudre
- beurre
- sel et poivre du moulin

Recette

Mélangez le porc haché avec les œufs, l'oignon haché, la farine, la chapelure, le clou de girofle moulu, la cannelle et la moutarde en poudre. Salez et poivrez et formez de petites boulettes.

Faites fondre 20 g de beurre dans une cocotte et déposez les boulettes. Faites-les dorer en les retournant plusieurs fois. Puis recouvrez-les d'eau et faites cuire à feu doux à couvert pendant environ 30 minutes.

Lard aux haricots

Pour 4 personnes
Temps de préparation : 5 minutes
Temps de cuisson : 2 heures

Ingrédients

- 400 g de haricots rouges
- 2 tranches de lard fumé découpé en dés
- 1 oignon haché
- 1 cuillerée à soupe de miel
- 2 cuillerées à soupe de concentré de tomate
- 1 feuille de laurier
- 1 brindille de thym
- vinaigre
- huile
- sel et poivre du moulin

Recette

La veille, déposez les haricots dans un bol rempli d'eau et couvrez.

Le lendemain, égouttez les haricots et mettez-les à cuire dans une grande casserole d'eau avec une feuille de laurier et une brindille de thym pendant environ 1 heure 30.

Faites chauffer une cuillerée à soupe d'huile dans une cocotte et mettez à frire l'oignon haché et les dés de lard fumé. Puis versez le contenu de la casserole de haricots dans la cocotte. Ajoutez le concentré de tomate, le miel et un trait de vinaigre. Mélangez, salez et poivrez, couvrez et laissez mijoter pendant 35 minutes environ.

Jambon des trappeurs canadiens

Pour 6 à 8 personnes
Temps de préparation : 15 minutes
Temps de cuisson : 3 heures

Ingrédients

- 1 jambon d'environ 3 kg
- 2 l de jus de pomme
- 250 g de sucre d'érable
- 3 cuillerées à soupe de moutarde
- sel et poivre du moulin

Recette

Versez le jus de pomme dans une marmite et portez au frémissement. Déposez le jambon, couvrez la marmite et laissez cuire à petit feu pendant environ 2 heures 30.

Dès que le jambon est cuit, ôtez la couenne.

Préchauffez le four à 210 °C (Th. 7). Versez le sucre d'érable et la moutarde et mélangez bien. Ajoutez un peu d'eau. Puis badigeonnez le jambon de ce mélange parfumé.

Déposez le jambon sur un plat à four. Mettez au four pendant environ 25 minutes.

Servez tiède ou froid.

Jambon au sirop d'érable

Pour 6 à 8 personnes
Temps de préparation : 15 minutes
Temps de cuisson : 3 heures

Ingrédients

- 1 jambon d'environ 3 kg
- 20 cl de lait
- 20 cl de sirop d'érable
- 60 g de gelée de pommes
- 1 oignon piqué de 3 clous de girofle
- 1 feuille de laurier
- sel et poivre du moulin

Recette

Déposez le jambon dans une grande marmite et couvrez-le d'eau froide. Versez le lait, l'oignon piqué de clous de girofle et la feuille de laurier. Portez au frémissement, salez et poivrez et faites cuire à feu doux pendant 3 heures. Puis arrêtez la cuisson et laissez le jambon refroidir dans la marmite.

Préchauffez le four à 210 °C (Th. 7). Puis égouttez le jambon et ôtez la couenne. Déposez le jambon sur un plat allant au four.

Versez le sirop d'érable et la gelée de pommes dans une petite casserole à fond épais. Portez au frémissement et faites cuire 2 à 3 minutes. Badigeonnez le jambon de ce mélange puis mettez au four et faites cuire pendant environ 50 minutes. Arrosez régulièrement le jambon pour éviter qu'il ne se dessèche.

Jambon à la bière

Pour 6 à 8 personnes
Temps de préparation: 15 minutes
Temps de cuisson: 3 heures

Ingrédients

- 1 jambon d'environ 3 kg
- 60 cl de bière
- 20 cl de mélasse
- 80 g de sucre cassonade
- 80 g de chapelure
- 1 cuillerée à soupe de moutarde
- 1 oignon
- 2 carottes
- 5 clous de girofle
- 1 feuille de laurier
- sel et poivre du moulin

Recette

Épluchez les carottes et lavez-les. Épluchez l'oignon.

Déposez le jambon dans une grande marmite. Versez la bière, l'oignon piqué et la feuille de laurier. Ajoutez de l'eau froide pour couvrir le jambon. Portez au frémissement, salez et poivrez et faites cuire à feu doux pendant 3 heures. Puis arrêtez la cuisson et laissez le jambon refroidir dans la marmite.

Préchauffez le four à 210 °C (Th. 7). Puis égouttez le jambon et ôtez la couenne avec la lame d'un couteau. Déposez le jambon sur un plat allant au four. Incisez le jambon et piquez-le des clous de girofle.

Versez la mélasse, la chapelure et la moutarde dans un bol et mélangez le tout.

Badigeonnez le jambon de ce mélange puis mettez au four et faites cuire pendant environ 20 minutes.

Gibier

Ragoût du trappeur

Pour 4 personnes
Temps de préparation : 35 minutes
Temps de cuisson : 25 minutes

Ingrédients

- 1,2 kg de viande de chevreuil, de caribou ou d'ours découpé en gros dés
- une douzaine de pruneaux
- 1 cuillerée à soupe de vinaigre
- 80 g de farine
- beurre
- sel et poivre du moulin

Recette

Déposez les pruneaux dans un bol et couvrez-les de 25 cl d'eau tiède. Laissez-les se réhydrater pendant 30 minutes environ.

Faites chauffer le beurre dans une cocotte et versez les dés de viande. Laissez-les dorer tout en remuant régulièrement pour éviter qu'ils n'attachent. Puis versez les pruneaux, leur jus et le vinaigre. Salez et poivrez.

Mélangez dans un petit bol la farine avec 2 cuillerées à soupe d'eau tiède puis versez dans la cocotte. Couvrez et laissez mijoter pendant une vingtaine de minutes.

Servez chaud.

Ragoût du cow-boy

Pour 4 personnes
Temps de préparation : 10 minutes
Temps de cuisson : 55 minutes

Ingrédients

- 1 kg de bœuf à braiser découpé en gros cubes
- 500 g de haricots noirs déjà cuits
- 3 tomates
- 2 cuillerées à café d'origan
- 1 cuillerée à café de piment en poudre
- 1 cuillerée à soupe de vinaigre
- 3 gousses d'ail
- 1 feuille de laurier
- 1 tablette de bouillon de légumes
- huile
- sel et poivre du moulin

Recette

Épluchez les gousses d'ail, coupez-les en deux et ôtez le germe.

Lavez les tomates, essuyez-les et coupez-les en dés.

Faites chauffer une cuillerée d'huile dans une cocotte et déposez les morceaux de viande. Laissez-les dorer puis versez les gousses d'ail écrasées, les tomates en dés, les haricots, le piment, l'origan, le vinaigre et la feuille de laurier. Versez environ 30 cl d'eau tiède et ajoutez la tablette de bouillon. Mélangez, couvrez et laissez mijoter environ 45 minutes.

Servez chaud.

Ragoût de bœuf et boulettes

Pour 4 à 6 personnes
Temps de préparation : 20 minutes
Temps de cuisson : 2 heures

Ingrédients

- 800 g de viande de bœuf (paleron, macreuse, flanchet) découpée en gros dés
- 2 oignons hachés
- 2 carottes découpées en fines rondelles
- 1 bouquet garni
- 1 petit piment
- 2 gousses d'ail hachées
- 150 g de farine
- 2 œufs + 2 jaunes
- 60 g de beurre mou
- sel et poivre du moulin

Recette

Lavez le piment, incisez-le dans la longueur et ôtez les graines.

Déposez les morceaux de bœuf avec les rondelles de carotte, l'oignon, l'ail, le bouquet garni et le piment dans une cocotte. Couvrez d'eau froide, fermez la cocotte et faites chauffer jusqu'à ébullition. Puis écumez et continuez la cuisson à petit feu et à couvert pendant environ 1 heure trente.

Mélangez dans un bol la farine, les œufs entiers, les jaunes d'œuf et le beurre mou. Salez légèrement, ajoutez une ou deux cuillerées à soupe d'eau si nécessaire pour obtenir une pâte un peu ferme. Formez de petites boulettes de la taille d'une noix.

Lorsque la viande est cuite, ôtez-la de la cocotte et gardez-la au chaud. Déposez les boulettes dans le bouillon de cuisson et laissez cuire une douzaine de minutes. Puis ôtez les boulettes de la cocotte, filtrez le bouillon de cuisson et servez les morceaux de bœuf avec les boulettes et le bouillon.

Bison

Boulettes de bison

Pour 4 personnes
Temps de préparation : 10 minutes
Temps de cuisson : 25 minutes

Ingrédients

- 200 g de bison haché
- 1 œuf
- 100 g de chapelure
- 1 oignon haché
- 2 cuillerées à soupe de fines herbes hachées
- 1 l de bouillon de bœuf (ou de légumes)
- sel et poivre du moulin

Recette

Versez le bœuf haché, la chapelure, l'oignon haché et les fines herbes dans un grand bol. Salez et poivrez et mélangez le tout. Puis cassez les œufs et ajoutez-les à votre mélange. Ajoutez éventuellement une ou deux cuillerées de bouillon.

Formez des boulettes en vous aidant de deux cuillères à soupe.

Versez le bouillon dans une casserole et portez au frémissement. Déposez délicatement les boulettes dans la casserole, couvrez et laissez cuire à petits bouillons pendant environ 25 minutes.

Servez les boulettes avec le bouillon.

Lapin

Lapin en ragoût

Pour 4 à 6 personnes
Temps de préparation : 10 minutes
Temps de cuisson : 45 minutes

Ingrédients

- 1 lapin découpé en morceaux
- 1 tranche de lard fumé découpé en dés
- 100 g de champignons
- 3 cuillerées à soupe de farine
- 2 brins de thym
- 2 gousses d'ail hachées
- 3 baies de genièvre
- 1 feuille de laurier
- huile
- sel et poivre du moulin
- 1 oignon haché

Recette

Nettoyez les champignons, coupez l'extrémité des pieds et détaillez-les en morceaux de taille égale.

Passez rapidement les morceaux de lapin dans la farine.

Faites chauffer une demi-cuillerée d'huile dans une cocotte et déposez les dés de lard. Laissez-les dorer puis ôtez-les de la cocotte. Remettez aussitôt la cocotte sur le feu.

Déposez les morceaux de lapin dans la cocotte et faites-les dorer à feu assez vif en les retournant régulièrement. Puis réservez les morceaux sur un plat.

Versez les champignons, l'ail et l'oignon hachés dans la cocotte et faites-les rapidement dorer. Puis remettez les morceaux de lapin et les dés de lard dans la cocotte, versez environ 20 cl d'eau, ajoutez le thym, le laurier et les baies de genièvre. Salez, poivrez et couvrez la cocotte. Laissez cuire à feu doux pendant environ 30 minutes.

Lapin au cidre

Pour 4 à 6 personnes
Temps de préparation: 20 minutes
Temps de cuisson: 55 minutes

Ingrédients

- 1 lapin découpé en morceaux
- 6 pommes acides type reinettes
- 60 g de beurre
- 50 g de farine
- 1 petit verre d'eau-de-vie
- 5 cuillerées à soupe de cidre
- sel et poivre

Recette

Découpez le beurre en dés et déposez-le dans une cocotte. Faites-le mousser et mettez les morceaux de lapin à dorer. Salez et poivrez puis couvrez et laissez cuire à feu doux une dizaine de minutes.

Préchauffez le four à 150 °C (Th. 5). Épluchez les pommes, ôtez le cœur et les pépins et découpez-les en tranches.

Ôtez les morceaux de lapin de la cocotte. Versez le cidre et l'eau-de-vie et grattez le fond de la cocotte avec une cuillère pour bien mélanger les sucs.

Répartissez les tranches de pommes dans le fond d'un plat en terre cuite allant au four. Déposez les morceaux de lapin et versez la sauce. Couvrez le plat.

Mélangez les 50 g de farine et les 3 cuillerées à soupe d'eau. Formez un boudin de pâte et collez-le sur la jointure du couvercle pour fermer hermétiquement le plat en terre.

Mettez à cuire 35 minutes environ.

Bœuf

Ragoût de bœuf et boulettes

Pour 4 à 6 personnes
Temps de préparation : 20 minutes
Temps de cuisson : 2 heures

Ingrédients

- 800 g de viande de bœuf (paleron, macreuse, flanchet) découpée en gros dés
- 2 oignons hachés
- 2 carottes découpées en fines rondelles
- 1 bouquet garni
- 1 petit piment
- 2 gousses d'ail hachées
- 150 g de farine
- 2 œufs + 2 jaunes
- 60 g de beurre mou
- sel et poivre du moulin

Recette

Lavez le piment, incisez-le dans la longueur et ôtez les graines.

Déposez les morceaux de bœuf avec les rondelles de carotte, l'oignon, l'ail, le bouquet garni, et le piment dans une cocotte. Recouvrez d'eau froide, couvrez la cocotte et portez à ébullition. Puis écumez et continuez la cuisson à petit feu et à couvert pendant environ 1 heure 30.

Mélangez dans un bol la farine, les œufs entiers, les jaunes d'œuf et le beurre mou. Salez légèrement, ajoutez une ou deux cuillerées à soupe d'eau si nécessaire pour obtenir une pâte un peu ferme. Formez de petites boulettes de la taille d'une noix.

Lorsque la viande est cuite, ôtez-la de la cocotte et gardez-la au chaud. Puis déposez les boulettes dans le bouillon de cuisson et laissez cuire une douzaine de minutes. Ôtez les boulettes de la cocotte, filtrez le bouillon de cuisson et servez les morceaux de bœuf avec les boulettes et le bouillon.

Goulash de bœuf

Pour 4 à 6 personnes
Temps de préparation: 20 minutes
Temps de cuisson: 2 heures

Ingrédients

- 800 g de viande de bœuf (paleron, macreuse, gîte) découpée en cubes
- 4 oignons hachés
- 60 g de concentré de tomate
- 3 gousses d'ail
- paprika
- huile
- sel et poivre du moulin

Recette

Déposez les morceaux de bœuf dans un plat creux. Salez, poivrez généreusement et saupoudrez d'une cuillerée à café de paprika. Remuez, couvrez et laissez reposer pendant environ 30 minutes.

Faites chauffer une cuillerée à soupe d'huile dans une cocotte. Versez les oignons et l'ail haché. Faites-les dorer puis versez les morceaux de bœuf. Retournez-les plusieurs fois afin qu'ils se colorent bien sur tous les côtés. Puis couvrez d'eau, versez le concentré de tomate, mélangez et ajoutez une pincée de paprika. Couvrez la cocotte et laissez cuire à feu doux pendant environ 2 heures. Vous pourrez ajouter de temps en temps un peu de liquide dans la cocotte.

Servez chaud.

Poissons

Poisson frit

Pour 4 personnes
Temps de préparation : 5 minutes
Temps de cuisson : 8 minutes

Ingrédients

- 4 truites
- 2 cuillerées à soupe de farine de blé
- sel et poivre du moulin
- beurre

Recette

Passez rapidement les truites dans la farine.

Faites chauffer une noix de beurre dans une poêle et déposez les truites. Laissez cuire environ 6 à 8 minutes (selon la grosseur du poisson).

Salez et poivrez et servez aussitôt.

Œufs brouillés au saumon

Pour 4 personnes
Temps de préparation: 5 minutes
Temps de cuisson: 10 minutes

Ingrédients

- 6 œufs
- 150 g de saumon détaillé en cubes
- 1 cuillerée à soupe de fines herbes hachées
- huile
- sel et poivre du moulin

Recette

Cassez les œufs dans un bol et fouettez-les jusqu'à ce qu'ils deviennent mousseux.

Ajoutez les fines herbes hachées et mélangez.

Faites chauffer une cuillerée à soupe d'huile dans une poêle et versez les œufs. Ajoutez les dés de saumon et laissez cuire à petit feu tout en remuant. Dès que les œufs sont cuits comme vous les aimez, salez légèrement, poivrez, et servez aussitôt.

Huîtres du chercheur d'or

Pour 4 personnes
Temps de préparation : 5 minutes
Temps de cuisson : 10 minutes

Ingrédients

- 1 douzaine d'huîtres
- 6 œufs
- 4 cuillerées à soupe de chapelure
- sel et poivre du moulin
- 1 pincée de piment
- 30 g de beurre

Recette

Ouvrez les coquilles et égouttez les huîtres.

Mélangez la farine avec une pincée de sel et une pincée de poivre. Cassez un œuf dans un bol et battez-le rapidement.

Passez les huîtres dans la farine puis dans l'œuf battu et enfin dans la chapelure.

Faites chauffer le beurre dans une poêle. Déposez les huîtres dans la poêle et faites-les dorer en les retournant.

Cassez les œufs dans un bol, ajoutez la pincée de piment et battez-les rapidement. Versez-les dans la poêle. Laissez-les cuire pendant 5 minutes puis retournez-les et laissez cuire encore 1 à 2 minutes.

Servez aussitôt.

Pain

Pain grillé et lard frit

Pour 4 personnes
Temps de préparation: 5 minutes
Temps de cuisson: 10 minutes

Ingrédients

- 4 tranches de pain
- 4 tranches de bacon
- vinaigre
- poivre

Recette

Faites chauffer une poêle sur le feu et déposez les tranches de bacon. Laissez-les dorer des deux côtés puis déposez-les sur une assiette et couvrez-les pour les garder au chaud.

Mettez les tranches de pain à dorer dans la graisse de bacon.

Servez les tranches de pain chaudes couvertes d'une tranche de bacon croustillante.

Versez un léger trait de vinaigre sur les tranches de bacon.

Pain du trappeur

Pour 4 personnes
Temps de préparation : 5 minutes
Temps de cuisson : 15 minutes

Ingrédients

- 500 g de farine de blé
- 2 cuillerées à café de levure chimique
- huile
- sel fin

Recette

Versez la farine, la levure et le sel dans un grand bol et mélangez bien. Versez un verre d'eau tiède et mélangez la pâte. Ajoutez encore un peu d'eau tiède jusqu'à obtenir une pâte souple mais non liquide.

Faites chauffer une cuillerée à soupe d'huile dans une poêle. Puis versez une louche de pâte et faites dorer pendant environ 5 minutes à feu moyen. Retournez alors la galette et continuez la cuisson de l'autre côté. Puis déposez la galette sur un papier absorbant pour l'égoutter et poursuivez la cuisson des autres galettes.

Pain au four

Pour 4 personnes
Temps de préparation : 2 heures 30
Temps de cuisson : 25 minutes

Ingrédients

- 400 g de farine de blé
- 10 g de levure de boulanger
- 1 cuillerée à soupe de sucre en poudre
- 10 g de beurre
- 20 cl d'eau tiède
- 1 cuillerée à café de sel fin

Recette

Versez la farine et la levure dans un grand bol et mélangez le tout. Ajoutez le beurre, le sucre et le sel fin et mélangez. Versez peu à peu l'eau tiède et pétrissez la pâte pendant environ 10 minutes jusqu'à ce qu'elle se détache facilement des parois du bol. Puis couvrez le bol d'un linge et rangez-le dans un endroit tiède, à l'abri des courants d'air. Laissez la pâte doucement gonfler pendant environ une heure puis pétrissez à nouveau la pâte pendant 5 minutes. Formez à nouveau une grosse boule, déposez-la sur une plaque de four farinée et couvrez du linge et laissez-la lever pendant encore une heure.

Préchauffez le four à 210 °C (Th. 7).

Badigeonnez la pâte d'un peu d'eau, et mettez à cuire pendant environ 25 minutes.

Sortez ensuite le pain du four et laissez-le refroidir. Vous pouvez de la même manière confectionner plusieurs petits pains.

Desserts

Gâteau aux pommes

Pour 4 à 6 personnes
Temps de préparation: 10 minutes
Temps de cuisson: 35 minutes

Ingrédients

- 800 g de pommes
- 4 œufs
- 20 cl d'huile
- 350 g de farine
- 350 g de sucre
- 80 g de noix ou noisettes hachées
- 1 cuillerée à café de cannelle en poudre
- 1 cuillerée à café de quatre épices
- 1 sachet de levure chimique
- 1 pincée de sel
- 5 cl de rhum

Recette

Pelez les pommes. Coupez-les en deux, ôtez les pépins puis détaillez-les en gros dés. Déposez les pommes dans une assiette creuse et versez le rhum. Mélangez bien pour parfaitement les imbiber.

Préchauffez le four à 210 °C (Th. 7).

Versez dans un grand bol la farine, la levure, les épices et le sel. Mélangez.

Cassez les œufs dans un deuxième bol et fouettez-les rapidement. Puis ajoutez l'huile et fouettez. Versez ce mélange dans le bol de farine. Ajoutez les noix hachées.

Égouttez les dés de pomme et incorporez-les à la pâte.

Beurrez un moule à cake et garnissez-le de la pâte.

Mettez au four pendant environ 35 minutes. Vérifiez la cuisson en piquant le gâteau avec la pointe d'un couteau. Puis sortez-le du four, laissez-le tiédir avant de démouler.

Gâteau aux carottes

Pour 4 à 6 personnes
Temps de préparation : 20 minutes
Temps de cuisson : 35 minutes

Ingrédients

- 350 g de farine
- 350 g de sucre cassonade en poudre
- 140 g de beurre mou
- 400 g de carottes
- 60 g d'amandes en poudre
- 5 œufs
- 1 cuillerée à café de gingembre en poudre
- 1 cuillerée à café de cannelle

Recette

Préchauffez le four à 210 °C (Th. 7).

Épluchez les carottes, lavez-les puis râpez-les.

Versez dans un grand bol la farine et la levure. Mélangez.

Cassez les œufs dans un bol et fouettez rapidement. Ajoutez 120 g de beurre et le sucre cassonade. Mélangez bien.

Incorporez ce mélange à la farine. Versez ensuite les carottes râpées, les amandes en poudre et les épices.

Beurrez un moule à cake et garnissez le moule de la pâte. Mettez au four pendant environ 35 minutes en vérifiant la cuisson avec la pointe d'un couteau.

Sortez le gâteau du four, et laissez-le refroidir avant de le démouler.

Pudding de pain aux baies sauvages

Pour 4 à 6 personnes
Temps de préparation : 20 minutes
Temps de cuisson : 40 minutes

Ingrédients

- Une douzaine de tranches de pain rassis
- 40 cl de crème fraîche
- 500 g de baies (myrtilles, mûres, airelles)
- 15 cl de miel
- 200 g de sucre cassonade en poudre
- 4 œufs
- 1 cuillerée à café de cannelle en poudre
- 1 pincée de noix de muscade râpée
- 1 pincée de sel

Recette

Préchauffez le four à 180 °C (Th. 6).

Découpez le pain en dés. Lavez rapidement les baies sous un filet d'eau fraîche et égouttez-les.

Mélangez dans un grand bol le sucre cassonade, le miel, les épices et le sel.

Ajoutez un à un les œufs puis la crème et les dés de pain puis les baies.

Beurrez un moule à bords hauts et garnissez-le de ce mélange. Placez le moule dans un grand plat creux que vous remplirez aux deux tiers d'eau frémissante. Faites cuire au bain-marie pendant environ 40 minutes. Sortez le pudding du four et laissez-le refroidir avant de le démouler.

Boulettes au sirop d'érable

Pour 4 personnes
Temps de préparation : 15 minutes
Temps de cuisson : 20 minutes

Ingrédients

- 200 g de farine
- 20 g de beurre mou
- 8 cl de lait
- 1 pincée de sel
- 1 cuillerée à café de levure chimique
- 20 cl de pur sirop d'érable
- 20 cl d'eau

Recette

Versez la farine et la levure chimique dans un bol et mélangez. Puis ajoutez le beurre, le lait et le sel pour former une pâte onctueuse.

Versez le sirop d'érable et l'eau dans une casserole et portez au frémissement. Confectionnez des boulettes avec la pâte en vous aidant de deux cuillères à soupe. Puis déposez-les délicatement dans le sirop d'érable frémissant. Couvrez la casserole et laissez cuire à feu doux pendant environ une quinzaine de minutes.

Servez les boulettes avec du sirop d'érable ou de la confiture.

Riz au lait au sirop d'érable

Pour 4 à 6 personnes
Temps de préparation : 10 minutes
Temps de cuisson : 35 minutes

Ingrédients

- 180 g de riz rond
- 20 cl de lait
- 50 g de sucre cassonade en poudre
- 80 g de raisins secs
- 40 g de beurre
- 1 pincée de sel
- sirop d'érable

Recette

Versez 40 cl d'eau dans une casserole, salez et portez au frémissement. Versez alors le riz, mélangez et couvrez. Laissez cuire à feu doux pendant une quinzaine de minutes.

Ôtez la casserole du feu et ajoutez le sucre cassonade, le lait, le beurre et les raisins secs. Mélangez bien le tout. Reprenez la cuisson pendant environ 20 minutes à feu très doux.

Servez le riz au lait tiède arrosé de sirop d'érable.

Dessert aux myrtilles

Pour 4 personnes
Temps de préparation : 10 minutes
Temps de cuisson : 15 minutes

Ingrédients

- 800 g de myrtilles
- 2 cuillerées à soupe de farine
- 80 g de sucre cassonade en poudre
- 30 cl de lait

Recette

Triez les myrtilles, rincez-les et égouttez-les.

Déposez-les dans une casserole et versez le sucre cassonade. Faites cuire pendant une dizaine de minutes. Puis versez peu à peu 20 cl de lait tout en remuant.

Versez la farine dans un petit bol et diluez-la avec une cuillerée à soupe de lait. Puis versez la farine dans la casserole de myrtilles et mélangez. Laissez cuire encore 5 minutes.

Servez tiède ou frais.

Omelette au sirop d'érable

Pour 4 à 6 personnes
Temps de préparation: 10 minutes
Temps de cuisson: 12 minutes

Ingrédients

- 6 œufs
- 5 cuillerées à soupe de sirop d'érable
- 1 cuillerée à café d'extrait de vanille
- 1 pincée de sel fin

Recette

Préchauffez le four à 180 °C (Th. 6).

Cassez les œufs et séparez les blancs des jaunes. Fouettez les jaunes dans un bol puis versez le sirop d'érable et la pincée de sel.

Montez les blancs en neige dans un deuxième bol.

Incorporez délicatement les blancs en neige dans les jaunes d'œuf fouettés. Puis faites chauffer une noix de beurre dans une poêle et versez les œufs. Laissez cuire pendant 5 à 6 minutes. Puis déposez cette poêle dans le four pendant environ 8 minutes.

Servez l'omelette dès la sortie du four.

Tarte au sucre

Pour 4 à 6 personnes
Temps de préparation : 10 minutes
Temps de cuisson : 25 minutes

Ingrédients

- 3 jaunes d'œuf
- 140 g de sucre cassonade
- 40 g de beurre
- 50 cl de lait
- 40 g de farine de blé
- 1 cuillerée à café de sel fin
- 250 g de pâte brisée

Recette

Préchauffez le four à 210 °C (Th. 7).

Garnissez de pâte un moule à tarte d'environ 28 cm de diamètre. Piquez légèrement le fond de tarte avec une fourchette. Déposez une couche de haricots secs sur le fond de tarte et mettez au four pendant une douzaine de minutes. Puis sortez le moule du four, ôtez les haricots et laissez refroidir.

Déposez le beurre, le sucre cassonade et 20 cl de lait dans une casserole. Mélangez bien le tout et sans cesser de remuer, mettez à chauffer sur un feu doux.

Délayez la farine et le sel dans le reste de lait puis versez dans la casserole et mélangez encore. Laissez cuire à feu doux pendant une dizaine de minutes puis ôtez du feu et ajoutez les jaunes d'œuf.

Versez la crème aux œufs sur le fond de tarte et laissez refroidir.

Tarte à la mélasse

Pour 4 à 6 personnes
Temps de préparation : 10 minutes
Temps de cuisson : 25 minutes

Ingrédients

- 180 g de mélasse
- 80 g de sucre cassonade
- 60 cl d'eau
- 60 g de fécule de maïs
- 1 cuillerée à café de vanille liquide
- 60 g de noisettes hachées
- 250 g de pâte brisée

Recette

Préchauffez le four à 210 °C (Th. 7).

Garnissez de pâte un moule à tarte d'environ 28 cm de diamètre. Piquez légèrement le fond de tarte avec une fourchette. Déposez une couche de haricots secs sur le fond de tarte et mettez au four pendant une douzaine de minutes. Puis sortez le moule du four, ôtez les haricots et laissez refroidir.

Versez la mélasse, le sucre cassonade, l'eau et la vanille dans une casserole et portez à ébullition. Ôtez la casserole du feu.

Délayez la fécule de maïs dans un bol d'eau puis versez-la dans la casserole et fouettez rapidement. Reprenez la cuisson pendant environ 5 minutes sans cesser de mélanger. La crème va peu à peu épaissir.

Ôtez la casserole du feu et laissez refroidir. Couvrez le fond de tarte de cette crème.

Servez la tarte fraîche, garnie de noisettes hachées.

Tarte au potiron

Pour 4 à 6 personnes
Temps de préparation : 15 minutes
Temps de cuisson : 30 minutes

Ingrédients

- 3 jaunes d'œuf
- 80 g de sucre cassonade
- 40 cl de lait
- 300 g de chair de potiron
- 1 cuillerée à café de vanille liquide
- 250 g de pâte brisée

Recette

Préchauffez le four à 210 °C (Th. 7).

Garnissez de pâte un moule à tarte d'environ 28 cm de diamètre. Piquez légèrement le fond de tarte avec une fourchette.

Râpez la chair de potiron. Puis cassez les œufs dans un grand bol. Fouettez-les rapidement et ajoutez le sucre cassonade, le lait, la vanille et la chair de potiron râpée. Mélangez le tout. Garnissez le fond de tarte.

Faites cuire à 180 °C (Th. 6) pendant 25 minutes environ.

Servez tiède ou froid.

Le cake à la banane

Pour 4 à 6 personnes
Temps de préparation : 25 minutes
Temps de cuisson : 40 minutes

Ingrédients

- 250 g de farine de blé ordinaire tamisée
- 100 g de beurre ramolli + 20 g pour le moule
- 2 œufs
- 120 g de sucre en poudre
- 100 g de chocolat noir râpé
- 50 g de noisettes en poudre
- 2 bananes
- le jus d'un citron
- 1 cuillerée à soupe de rhum
- 1 sachet de levure chimique
- 1 pincée de sel
- Ustensiles : prévoir un moule à cake

Recette

Préchauffez le four à 180 °C (Th. 6). Mélangez dans un autre saladier le beurre mou découpé en dés et le sucre en poudre pour obtenir une crème onctueuse puis incorporez un à un les 2 œufs.

Mélangez dans un grand bol la farine, le chocolat noir râpé, le sachet de levure chimique et la pincée de sel. Versez le contenu du bol dans le saladier contenant le beurre et le sucre et mélangez le tout.

Épluchez les bananes, écrasez-les en purée dans un saladier. Versez le jus de citron, le rhum et les noisettes en poudre et mélangez. Incorporez les bananes écrasées dans le saladier de farine-beurre-sucre.

Beurrez le moule à cake, farinez-le légèrement et versez la pâte. Mettez au four pendant environ 40 minutes.

Les cookies

Pour 4 à 6 personnes
Temps de préparation: 25 minutes
Temps de cuisson: 8 minutes

Ingrédients

Pour environ 40 cookies
- 450 g de farine de blé ordinaire tamisée
- 220 g de beurre mou
- 250 g de sucre en poudre
- 8 cl de miel liquide
- 1 œuf
- 1 cuillerée à café de cannelle en poudre
- 1 cuillerée à café de sel

Recette

Découpez les 220 g de beurre en dés. Travaillez le beurre en crème avec une cuillère puis versez les 250 g de sucre en poudre et mélangez. Incorporez l'œuf et le miel et mélangez bien.

Mélangez la farine, le sel et la cannelle en poudre dans un bol. Puis versez ce mélange en pluie dans le beurre et le sucre. Partagez la pâte en deux cylindres de 4 cm de diamètre. Enveloppez-les dans un film alimentaire et mettez au frais 30 minutes.

Préchauffez le four à 180 °C (Th. 6). Découpez des cookies d'un demi-centimètre d'épaisseur dans les boudins de pâte. Déposez-les sur une plaque de four couverte d'un papier sulfurisé en espaçant les cookies. Mettez au four pendant environ 8 minutes.

Les biscuits aux flocons d'avoine

Pour 6 personnes
Temps de préparation : 15 minutes
Temps de cuisson : 8 minutes

Ingrédients

Pour une vingtaine de biscuits
- 220 g de farine
- 120 g de sucre cassonade
- 200 g de beurre ramolli
- 80 g de flocons d'avoine
- 1 cuillerée à café de levure chimique

Recette

Mélangez la farine et la levure chimique dans un saladier puis incorporez les flocons d'avoine.

Déposez le beurre découpé en dés et la cassonade dans un saladier et mélangez bien.

Incorporez la farine et les flocons d'avoine dans le mélange beurre-sucre. Formez un long boudin de pâte et enveloppez-le dans un film alimentaire. Déposez la pâte au frais 30 minutes.

Préchauffez le four à 130 °C (Th. 4-5). Découpez votre boudin de pâte en tranches d'environ 1 cm d'épaisseur. Déposez-les sur la plaque du four couverte d'un papier sulfurisé.

Mettez les biscuits à cuire environ 10 minutes. Ils doivent tout juste dorer.

Bibliographie générale

À *la dure*, Mark Twain, traduction d'Éliane Barrault, Éditions Payot, 1990.

A tour on the prairies, Washington Irving, 1852.

Encyclopédie de la jeunesse, Grolier, Montréal, 1923.

Les Aventures extraordinaires d'un coureur des bois, Pierre-Esprit Radisson, traduction de Berthe Fouchier-Axelsen, Éditions Nota Bene, 1999.

Les Coureurs de bois, Jeanne Pomerleau, Éditions J.-C. Dupont, 1994.

L'Homme et l'hiver en Nouvelle-France, présentation par P. Carles et J.-L. Michel, Cahiers du Québec, 1972.

L'Ouest américain, réalités et mythes, Pierre Lagayette, Ellipses, 1997.

Louisiane, Mexique, Canada : Aventures cosmopolites, Marc Sauvalle, Désaulmiers et Leblanc imprimeurs, Montréal, 1891.

Nouvelles Relations de la Gaspésie, Chrétien Le Clerq, 1691.

Relation du voyage du Port-Royal de l'Acadie ou de la Nouvelle-France, N. de Diereville, Rouen, 1708.

The Adventures of Captain Bonneville in the Rocky Mountains and the Far West, Washington Irving, University of Oklahoma Press, 1961.

Voyage curieux et nouveau parmi les sauvages de l'Amérique septentrionale, C. Lebeau, Amsterdam, 1738.

Walden, Henry David Thoreau, W. W. Norton and Cie, 1966.

Table des matières et des recettes

CATALOGUE LIBRIO

LIBRIO CUISINE

Karine Bonjour
La cuisine des gourmandes - n° 321
Pierre Clauss
La cuisine des herbes et des fleurs - n° 496
Les soupes - n° 497
Laurence et Gilles Laurendon
La cuisine des pirates - n° 551
La cuisine du Far West - n° 552
La cuisine des Indiens - n° 553
La cuisine des explorateurs - n° 554
La cuisine du désert - n° 555
Gilles Perez
La cuisine des maris - n° 319
Delphine Schwartzbrod
La cuisine du lendemain - n° 493
Stéphanie Schwartzbrod
La cuisine bio - n° 494
La cuisine des fêtards - n° 495
Stéphanie et Delphine Schwartzbrod
La cuisine des enfants - n° 323
Franck Spengler
La cuisine des amants - n° 322
Catherine Valabrègue
La cuisine des gens pressés - n° 320

LIBRIO MUSIQUE

Bashung - n° 391
par Philippe Barbot
Les Beatles - n° 324
par François Ducray
Le blues - n° 359
par Stéphane Koechlin
Bowie - n° 266
par Nicolas Ungemuth
Georges Brassens - n° 295
par Florence Tredez
Jacques Brel - n° 515
par François Gorin
Coltrane - n° 267
par Pascal Bussy
Miles Davis - n° 307
par Serge Loupien
Jacques Dutronc - n° 343
par Michel Leydier
Bob Dylan - n° 480
par Silvain Vanot
Mylène Farmer - n° 589
par Caroline Bee
Léo Ferré - n° 446
par Stan Cuesta
Le funk *de James Brown à Prince* - n° 583
par Marc Zisman
Gainsbourg - n° 264
par François Ducray
Jimi Hendrix - n° 342
par Olivier Nuc
Billie Holiday - n° 358
par Luc Delannoy
John Lee Hooker - n° 516
par Stéphane Koechlin
Madonna - n° 405
par Florence Tredez
Manu Chao et la Mano Negra - n° 569
par Souâd Belhaddad
Bob Marley - n° 278
par Francis Dordor
Jim Morrison et les Doors - n° 456
par Jean-Yves Reuzeau
Les musiques celtiques - n° 294
par Emmanuelle Debaussart
Les musiques cubaines - n° 279
par François-Xavier Gomez
Noir Désir - n° 610
par Marc Besse
Charlie Parker - n° 455
par Hugues Le Tanneur
Édith Piaf - n° 384
par Stan Cuesta
Pink Floyd - n° 386
par François Ducray
Iggy Pop - n° 537
par Nicolas Ungemuth
Elvis Presley - n° 406
par Serge Loupien
Le raï - n° 348
par Bouziane Daoudi
Lou Reed et le Velvet Underground - n° 466
par Bruno Juffin
Le reggae - n° 366
par Bruno Blum
Les Rolling Stones - n° 540
par Jean-Yves Reuzeau
Bruce Springsteen - n° 433
par Hugues Barrière et Ollivier Mikaël
La techno - n° 265
par Guillaume Bara
Charles Trenet - n° 306
par Pascal Bussy
U2 - n° 599
par Stan Cuesta
Neil Young - n° 518
par Olivier Nuc

POÉSIE

Charles Baudelaire
Les fleurs du Mal - n° 48
Le Spleen de Paris
Petits poèmes en prose - n° 179
Les paradis artificiels - n° 212
Michel Houellebecq
La poursuite du bonheur - n° 354
Jean de La Fontaine
Le lièvre et la tortue *et autres fables* - n° 131
Stéphane Mallarmé
Poésie - n° 135
Marie de France
Le lai du Rossignol et autres lais courtois - n° 508
Taslima Nasreen
Femmes
Poèmes d'amour et de combat - n° 514
Arthur Rimbaud
Le Bateau ivre *et autres poèmes* - n° 18
Les Illuminations *suivi de* Une saison en enfer - n° 385
Saint Jean de la Croix
Dans une nuit obscure
Poésie mystique complète - n° 448
(édition bilingue français-espagnol)
Yves Simon
Le souffle du monde - n° 481
Vâtsyâyana
Les Kâma Sûtra - n° 152
Paul Verlaine
Poèmes saturniens *suivi de* Fêtes galantes - n° 62

ANTHOLOGIES
J'ai vu passer dans mon rêve
Anthologie de la poésie française
Présentée par Sébastien Lapaque - n° 530
La poésie des romantiques
Anthologie présentée par Bernard Vargaftig - n° 262

PHILOSOPHIE ET SPIRITUALITÉ

Anonyme
La Genèse - n° 90
Le Coran - n° 590
Yveline Brière
Le livre de la sagesse - n° 327
Le livre de la méditation - n° 411
Le livre de la paix intérieure - n° 505
Henri Brunel
Contes zen - n° 503
La relaxation, c'est facile ! - n° 561
Nouveaux contes zen - n° 579
André Comte-Sponville
Le bonheur, désespérément - n° 513
Descartes
Discours de la méthode - n° 299
Épicure
Lettres et maximes - n° 363
Khalil Gibran
Le Prophète - n° 185
Thomas More
L'utopie - n°317
Ovide
L'art d'aimer - n° 11
Platon
Le banquet - n° 76
Jean-Jacques Rousseau
De l'inégalité parmi les hommes - n° 340
Saint Jean
L'Apocalypse
Illustrée par antoine Poulain - n° 329
Saint Jean de la Croix
Dans une nuit obscure
Poésie mystique complète - n° 448
(éd. bilingue français-espagnol)
Saint Luc
Évangile - n° 566

ANTHOLOGIE
Si la philosophie m'était contée
de Platon à Gilles Deleuze
Anthologie présentée par Guillaume Pigeard de Gurbert - n° 403

MÉMO

Nathalie Baccus
Conjugaison française - n° 470
Grammaire française - n° 534
Anne-Marie Bonnerot
Conjugaison anglaise - n° 558
Grammaire anglaise - n° 601
Daniel Ichbiah
Solfège - n° 602
Mathieu Scavannec
Le calcul - n° 595

DOCUMENTS

Samuel Aslanoff
La Coupe du monde à tous les stades - n° 529
Adrien Barrot
L'enseignement mis à mort - n° 427
Bettane et Desseauve
Guide du vin
Connaître, déguster et conserver le vin - n° 396
Clarisse Fabre
Les élections, mode d'emploi - n° 522
Jean-Jacques Gandini
Le procès Papon
Histoire d'une ignominie ordinaire au service de l'État - n° 314
Gérard Guégan
Debord est mort, le Che aussi. Et alors? - n° 314
Josué, Mathilde, Nina
Une seconde avant l'an 2000 - n° 479
Brigitte Kernel et Éliane Girard
Fan attitude - n° 525
Un été d'écrivains - n° 535
Adrien Le Bihan
Auschwitz Graffiti
Préface de P. Vidal-Naquet- n° 394
Zacharia Loumani, Héra, Aurélia Rossi
Pensées de la cité - n° 484
Catherine Maillard
Le rêve
Histoire et significations - n° 568
Jean-Jacques Marie
Staline
Biographie - n° 572
Françoise Martinetti
Les droits de l'enfant - n° 560
La Constitution de la Ve République - n° 609
Karl Marx et Friedrich Engels
Manifeste du parti communiste - n° 210
Claude Moisy
John F. Kennedy - n° 607
Catherine Normier
Bleus Marine
Histoire d'une différence - n° 509
Hubert Prolongeau
La cage aux fous - n° 510
Pierre-André Taguieff
Du progrès
Biographie d'une utopie moderne - n° 428
Jules Verne
Christophe Colomb *(biographie)* - n° 577
Patrick Weber
L'amour couronné
Silvia de Suède, Grace de Monaco, Mme de Maintenon... - n° 531

EN COÉDITION AVEC LE JOURNAL *LE MONDE*
Sous la direction de Yves Marc Ajchenbaum
Coup de chaud sur la planète
Les dérèglements climatiques - n° 449
Les femmes et la politique
Du droit de vote à la parité - n° 468
La peine de mort - n° 491
Les présidents de la Ve République - n° 521
Israël – Palestine - n° 546
Les maladies d'aujourd'hui - n° 567
Les États-Unis, gendarmes du monde
Pour le meilleur et pour le pire - n° 578
Voyage dans le système solaire - n° 588
La guerre d'Algérie- n° 608

EN COÉDITION AVEC RADIO FRANCE
Sous la direction de Jean-Pierre Guéno
Paroles de Poilus
Lettres du front (1914-1918) - n° 245
Paroles de détenus - n° 409
Mémoire de maîtres, paroles d'élèves - n° 492
Paroles d'étoiles
Mémoires d'enfants cachés (1939-1945) - n° 549

ANTHOLOGIES
La découverte des Indiens (1492-1550)
Documents et témoignages présentés par Jean-Jacques Gandini - n° 303
Les Droits de l'Homme
Textes et documents présentés par Jean-Jacques Gandini - n° 250
Vive l'école républicaine!
Textes et discours fondateurs présentés par Philippe Muller - n° 310
L'Affaire Dreyfus
J'accuse! de Zola et autres documents présentés par Philippe Oriol - n° 201

REPÈRES

Pierre-Valéry Archassal
La généalogie, mode d'emploi- n° 606
David Cobbold
Le vin et ses plaisirs - n° 603
Jérôme Jacobs
Guide des fêtes et célébrations - n° 594
Gilles Van Heems
Dieux et héros de la mythologie grecque -

Librio

552

Composition PCA à Rezé
Achevé d'imprimer en Allemagne (Pössneck) par GGP
en septembre 2003 pour le compte de E.J.L.
84, rue de Grenelle, 75007 Paris
Dépôt légal septembre 2003

Diffusion France et étranger : Flammarion